Opus 10

Manuel Bandeira

O P U S   1 0

EDIÇÕES HIPOCAMPO
1952

Capa da primeira edição de *Opus 10*, publicada em Niterói, pelas Edições Hipocampo, em 1952, em tiragem limitada de 116 exemplares.

Meu novo quarto
Virado para o nascente:
Meu quarto, de novo a cavaleiro da entrada da barra.

Depois de dez anos de pátio
Volto a tomar conhecimento da aurora.
Volto a banhar meus olhos no mênstruo incruento das madrugadas.

Todas as manhãs o aeroporto em frente me dá lições de partir.

Hei de aprender com ele

Quando a Indesejada das gentes chegar
(Não sei se dura ou caroável),
Talvez eu tenha medo.
Talvez sorria, ou diga:
  — Alô, iniludível!
O meu dia foi bom, pode a noite descer.
(A noite com os seus sortilégios.)
Encontrará lavrado o campo, a casa limpa,
A mesa posta,
Com cada coisa em seu lugar.

Manuel Bandeira

Opus 10

Apresentação
Ivan Marques

Coordenação Editorial
André Seffrin

São Paulo
2015

© Condomínio dos Proprietários dos Direitos Intelectuais de Manuel Bandeira
Direitos cedidos por Solombra – Agência Literária (solombra@solombra.org)
2ª Edição, Global Editora, São Paulo 2015

Jefferson L. Alves – diretor editorial
Gustavo Henrique Tuna – editor assistente
André Seffrin – coordenação editorial, estabelecimento de texto, cronologia e bibliografia
Flávio Samuel – gerente de produção
Flavia Baggio – assistente editorial e revisão
Deborah Stafussi – assistente editorial e revisão
Eduardo Okuno – projeto gráfico

Imagens:
Capa, p. 3 e p. 4: acervo pessoal de Manuel Bandeira, ora em guarda no Arquivo-Museu de Literatura Brasileira/Fundação Casa de Rui Barbosa – RJ.

Todas as iniciativas foram tomadas no sentido de estabelecer-se as suas autorias, o que não foi possível em todos os casos. Caso os autores se manifestem, a editora dispõe-se a creditá-los.
A Global Editora agradece à Solombra – Agência Literária pela gentil cessão dos direitos de imagem de Manuel Bandeira.

Obra atualizada conforme o
NOVO ACORDO ORTOGRÁFICO DA LÍNGUA PORTUGUESA.

CIP-BRASIL. CATALOGAÇÃO NA PUBLICAÇÃO
SINDICATO NACIONAL DOS EDITORES DE LIVROS, RJ

B166o
2. ed.

Bandeira, Manuel, 1886-1968
Opus 10 / Manuel Bandeira ; coordenação André Seffrin ; apresentação Ivan Marques. – 2. ed. – São Paulo : Global, 2015.

ISBN 978-85-260-2208-9

1. Poesia brasileira. I. Seffrin, André, 1965-. II. Marques, Ivan. III Título.

15-22393
CDD: 869.91
CDU: 821.134.3(81)-1

Direitos Reservados

global editora e distribuidora ltda.
Rua Pirapitingui, 111 – Liberdade
CEP 01508-020 – São Paulo – SP
Tel.: (11) 3277-7999 – Fax: (11) 3277-8141
e-mail: global@globaleditora.com.br
www.globaleditora.com.br

Colabore com a produção científica e cultural.
Proibida a reprodução total ou parcial desta obra sem a autorização do editor.

Nº de Catálogo: **3820**

Opus 10

Lições de partir

Opus 10, apesar de "magrinho" – trata-se do menor entre todos os livros de Manuel Bandeira, com apenas 21 poemas –, impressiona pela variedade, pela densidade e por conter algumas das realizações mais brilhantes de sua trajetória. O título redondo sugere ainda intuitos de comemoração e balanço. Publicado em 1952, este foi o décimo volume da lírica bandeiriana – incluídos na lista seus poemas traduzidos e os versos de circunstância da coletânea *Mafuá do malungo*, impressa quatro anos antes em Barcelona por João Cabral de Melo Neto. *Opus 10* veio a lume em edição igualmente artesanal, por iniciativa de dois outros poetas pertencentes à chamada Geração de 1945. À imitação de João Cabral, os donos da editora Hipocampo, Geir Campos e Thiago de Mello, estavam empenhados em produzir bonitas edições de poesia e, depois de publicar *A mesa*, de Carlos Drummond de Andrade, convenceram Bandeira a integrar sua coleção.

Curiosamente, àquela altura, o autor de *Libertinagem* andava às turras com os jovens poetas, que o julgavam velho e ultrapassado tal como o modernismo de 1922, cujas "piadas" e ousadias linguísticas pretendiam substituir por uma poesia elevada e de maior apuro formal. Na mesma época, o Brasil vivia com atraso a voga da arte abstrata, que também se opunha ao realismo pictórico da tradição modernista, considerado inatual. Os ataques vinham, portanto, de todos os lados. Nesse contexto, a resposta de Manuel Bandeira à encomenda dos editores da Hipocampo soa como uma provocação. O que lhes ofereceu o poeta? Mais modernismo, isto é, mais um conjunto de versos "frívolos", extraídos da vivência diária, assumidamente "de circunstância", que os poetas de 1945 não hesitariam em chamar de "pseudopoemas".[1] É como se Bandeira desejasse marcar sua oposição à eloquência e ao formalismo da nova geração. Inimigo não só da ênfase, mas também das grandes abstrações, o autodenominado "poeta menor" aproveitava o livro para reiterar o seu amor às coisas pequenas e às palavras simples, a contaminação do seu lirismo pela matéria impura do mundo e a obstinada rejeição ao sublime, traços que aproximam essa poética dos valores apontados por Baudelaire em sua célebre definição da modernidade: "o transitório, o fugaz, o contingente".

Desde cedo, como afirma em suas memórias, Bandeira adquiriu a convicção de que

---

1   O convite para a publicação de *Opus 10* e os conflitos com a Geração de 1945 foram comentados por Manuel Bandeira em suas cartas a João Cabral de Melo Neto. Cf. SÜSSEKIND, Flora (Org.). *Correspondência de Cabral com Bandeira e Drummond*. Rio de Janeiro: Nova Fronteira/Fundação Casa de Rui Barbosa, 2001, p. 131-144.

"a poesia está em tudo – tanto nos amores como nos chinelos, tanto nas coisas lógicas como nas disparatadas".[2] Ao poeta caberia essencialmente uma atitude de "apaixonada escuta", por meio da qual seria possível desentranhar a poesia escondida no cotidiano. Se no seu livro de estreia, *A cinza das horas* (1917), o autor ainda se mostrava preso à sua experiência pessoal de doente desenganado, apresentando versos crepusculares e de feitio tradicional, a partir de *Carnaval* (1919) e, sobretudo, de *Libertinagem* (1930), ele afirmaria cada vez mais a sua adesão ao real e a sua capacidade de extrair poemas das coisas mais banais, como notícias de jornal, anúncios publicitários ou conversas ouvidas no bonde. Tal procedimento, largamente praticado também por Oswald de Andrade, é típico das vanguardas, fazendo lembrar a montagem dos cubistas ou o *ready-made* dadaísta, fórmulas de ataque ao esteticismo e à visão tradicional da arte como algo apartado da vida coletiva. Conforme observou a crítica, mesmo em poemas fantasiosos e à primeira vista escapistas, como o famoso "Vou-me embora pra Pasárgada", o que se afirma, paradoxalmente, é o apego ao "humilde cotidiano", uma espécie de "evasão para o mundo".[3]

---

2   BANDEIRA, Manuel. *Itinerário de Pasárgada*. São Paulo: Global, 2012, p. 27.

3   HOLANDA, Sérgio Buarque de. Trajetória de uma poesia. In: BANDEIRA, Manuel. *Poesia completa e prosa*. Rio de Janeiro: Nova Aguilar, 1993, p. 19-20.

A simplicidade, como sabemos, é mera aparência. A despeito da impressão de naturalidade, da destruição dos assuntos poéticos e do impulso antiliterário que se manifesta em grande parte de sua obra, Manuel Bandeira conhecia como ninguém os segredos do verso e nunca abandonou o cultivo da tradição. Na última fase de sua produção poética, que se estende da *Lira dos cinquent'anos* (1944) até *Estrela da tarde* (1960), houve mesmo um discreto retorno às formas fixas, dividindo espaço com as liberdades modernistas, a que o poeta se manteve fiel, e certos experimentos na linha do concretismo.

É nesse período de plena maturidade – momento de alto prestígio em que Bandeira era visto como "glória nacional" – que se insere a publicação de *Opus 10*. Sobre o livro, o crítico Fernando Góis observou de imediato que, mais do que em qualquer outro, o autor ali se colocava "sob o signo da simplicidade", oferecendo aos poetas herméticos e "profundos" da nova geração a lição de que a poesia "está é na vida" e não só na técnica ou na construção habilidosa do verso.[4] Com efeito, a predominância do anedótico e do circunstancial, marcas fortes desse volume, parece trazer de volta o protesto contra a seriedade excessiva dos formalistas e a conversão da forma em "fôrma" criticada no

---

4   GÓIS, Fernando. Nota preliminar. In: BANDEIRA, Manuel, op. cit., p. 293-296.

poema "Os sapos", de *Carnaval*. A escolha do título *Opus 10* teria alguma relação com o famoso *Opus 9*, de Schumann, uma das músicas preferidas de Bandeira, que serviu de inspiração ao livro de 1919, marco inaugural do nosso modernismo? Em ambas as coletâneas, exprime-se, por meio das brincadeiras, da diversão e da alegria, ainda que triste, do poeta, um forte desejo de libertação.

Quanto ao valor da circunstância na obra de Manuel Bandeira, convém observar que ela não se faz presente apenas nos poemas reivindicatórios ou imediatos, dedicados a pessoas, acontecimentos ou causas, que compõem o grosso da matéria de *Opus 10* e de *Mafuá do malungo*. Para ele, praticamente todos os seus poemas estavam ligados às circunstâncias: os lugares onde residiu, as paisagens que tinha diante dos olhos, os casos ouvidos dos amigos, os fatos corriqueiros que despertavam a sua inspiração e cujos vestígios não raro transpareciam nas composições, como se o autor fizesse questão de registrar a sua dependência do acaso, o caráter inesperado, contingente e incontrolável de sua criação poética.

"Fiz algumas tentativas de escrever poesia sem apoio nas circunstâncias. Todas malogradas. Sou poeta de circunstâncias e desabafos" – afirma Bandeira no *Itinerário de Pasárgada*. Desnecessário lembrar que a poesia é a "arte de transfigurar as circunstâncias", conforme exprimiu Drummond. Mesmo quando se diverte ou fala de coisas banais, o poeta pernambucano, segundo o autor de *A rosa do povo*, mantém "as qualidades essenciais do seu lirismo a sério: ternura, graça triste, ironia".[5] Da relação com as circunstâncias é que se originam os poemas. É o que se pode ver, por exemplo, em "Lua nova", um dos mais admirados de *Opus 10*, no qual o poeta comenta a vista que lhe proporciona seu novo apartamento na avenida Beira-Mar. Depois dos becos, a visão da aurora: "Todas as manhãs o aeroporto em frente me dá lições de partir".

Aprender "A partir de uma vez/ – Sem medo,/ Sem remorso,/ Sem saudade."[6] – é um dos motivos recorrentes do lirismo final de Manuel Bandeira. Sobre o tema da "preparação para a morte", há em *Opus 10* outros dois trabalhos antológicos, que figuram entre as melhores criações do autor: "Boi morto" e "Consoada". O primeiro é o poema de abertura do livro e se tornou objeto de escândalo, a ponto de ser comparado por Bandeira e outros leitores ao polêmico "No meio do caminho", de Drummond. Com efeito, ambos giram em torno de uma ideia fixa, repetida com insistência, como se quisessem enfatizar

---

5   ANDRADE, Carlos Drummond de. Manuel Bandeira. In: _____. *Passeios na ilha*. São Paulo: Cosac Naify, 2011, p. 143-144.

6   BANDEIRA, Manuel. Lua Nova. In: _____. *Opus 10*. São Paulo: Global, 2015, p. 59.

a atmosfera de pesadelo e a ausência de saídas: "Boi morto, boi morto, boi morto". A poderosa imagem do animal arrastado pela enchente já havia aparecido em "Evocação do Recife", de *Libertinagem* – segundo Bandeira, o emperramento da agulha durante a audição de um disco em que ele próprio lia o poema é que lhe teria inspirado a nova composição. Há uma íntima ligação entre o "boi morto" e o sujeito lírico "dividido, subdividido", que se percebe "entre destroços do presente" e se deixa também arrastar pelas águas. Em contraste com a "atônita alma", refugiada nas margens, o corpo não se espanta nem hesita, "esse vai com o boi morto".[7]

O mesmo reconhecimento da morte como força natural – sem que por isso ela deixe de ser estranha e sinistra – ocorre em "Consoada", poema-síntese do apaziguamento a que chegou o poeta depois de sua longa intimidade com a "indesejada das gentes". Não se trata de indiferença ou conformismo, mas da serenidade obtida pelo indivíduo que se abandonou ao ritmo da existência e se integrou aos ciclos da natureza, aprendendo, como Mário de Andrade, que "a própria dor é uma felicidade". Em artigo sobre o livro *Remate de males*, do seu amigo paulista, Bandeira define a felicidade como "conformidade com o seu destino", de que resulta "um tom

---

7   Idem. Boi morto. Ibidem, p. 21.

de repousante calma".[8] É o que contemplamos no quadro bucólico de "Consoada". A naturalidade com que os versos aludem à espera da morte, inevitável como a chegada da noite ao findar-se o dia, corresponde ao principal traço estilístico bandeiriano, o que a torna simultaneamente "resposta existencial e solução formal",[9] como observou Davi Arrigucci Jr.

Mas o espanto do menino em face do morto descomunal na cheia do Capibaribe aqui não desaparece de todo. A despeito do prosaísmo em que culminam os versos, a morte, tão terrível que nem chega a ser diretamente nomeada, mantém assim como a noite "os seus sortilégios". Aparentemente distintos no tratamento que dão ao tema, "Boi morto" e "Consoada" são poemas convergentes. Por meio da aceitação da morte, ambos revelam sobretudo o desengano e o realismo desse poeta tão modernamente entregue à vida, ao real e a todas as suas circunstâncias (ao contrário da alma elevada e estática, que permanece à margem da correnteza). Por essa razão é que figuram, ao lado de outras grandes composições de Bandeira, como autênticas lições de partir ou, se quisermos, de viver.

IVAN MARQUES

---

8   Idem. Mário de Andrade. In: _____. *Crônicas da província do Brasil*. São Paulo: Cosac Naify, 2006, p. 135-136.

9   ARRIGUCCI JR., Davi. *Humildade, paixão e morte*: a poesia de Manuel Bandeira. São Paulo: Companhia das Letras, 1992, p. 261.

Opus 10

Boi morto

Como em turvas águas de enchente,
Me sinto a meio submergido
Entre destroços do presente
Dividido, subdividido,
Onde rola, enorme, o boi morto,

Boi morto, boi morto, boi morto.

Árvores da paisagem calma,
Convosco – altas, tão marginais! –
Fica a alma, a atônita alma,
Atônita para jamais.
Que o corpo, esse vai com o boi morto,

Boi morto, boi morto, boi morto.

Boi morto, boi descomedido,
Boi espantosamente, boi
Morto, sem forma ou sentido
Ou significado. O que foi
Ninguém sabe. Agora é boi morto,

Boi morto, boi morto, boi morto.

Cotovia

– Alô, cotovia!
Aonde voaste,
Por onde andaste,
Que tantas saudades me deixaste?

– Andei onde deu o vento.
Onde foi meu pensamento.
Em sítios, que nunca viste,
De um país que não existe...
Voltei, te trouxe a alegria.

– Muito contas, cotovia!
E que outras terras distantes
Visitaste? Dize ao triste.

– Líbia ardente, Cítia fria,
Europa, França, Bahia...

– E esqueceste Pernambuco,
Distraída?

– Voei ao Recife, no Cais
Pousei da Rua da Aurora.

– Aurora da minha vida,
Que os anos não trazem mais!

– Os anos não, nem os dias,
Que isso cabe às cotovias.
Meu bico é bem pequenino
Para o bem que é deste mundo:
Se enche com uma gota de água.
Mas sei torcer o destino,
Sei no espaço de um segundo
Limpar o pesar mais fundo.
Voei ao Recife, e dos longes
Das distâncias, aonde alcança
Só a asa da cotovia,
– Do mais remoto e perempto
Dos teus dias de criança
Te trouxe a extinta esperança,
Trouxe a perdida alegria.

Tema e variações

Sonhei ter sonhado
Que havia sonhado.

Em sonho lembrei-me
De um sonho passado:
O de ter sonhado
Que estava sonhando.

Sonhei ter sonhado...
Ter sonhado o quê?
Que havia sonhado
Estar com você.
Estar? Ter estado,
Que é tempo passado.

Um sonho presente
Um dia sonhei.
Chorei de repente,
Pois vi, despertado,
Que tinha sonhado.

Elegia de verão

O sol é grande. Ó coisas
Todas vãs, todas mudaves!
(Como esse "mudaves",
Que hoje é "mudáveis"
E já não rima com "aves".)

O sol é grande. Zinem as cigarras
Em Laranjeiras.
Zinem as cigarras: zino, zino, zino...
Como se fossem as mesmas
Que eu ouvi menino.

Ó verões de antigamente!
Quando o Largo do Boticário
Ainda poderia ser tombado.
Carambolas ácidas, quentes de mormaço;
Água morna das caixas-d'água vermelhas de
                                        [ferrugem;
Saibro cintilante...

O sol é grande. Mas, ó cigarras que zinis,
Não sois as mesmas que eu ouvi menino.
Sois outras, não me interessais...

Deem-me as cigarras que eu ouvi menino.

O grilo

– Grilo, toca aí um solo de flauta.

– De flauta? Você me acha com cara de flautista?

– A flauta é um belo instrumento. Não gosta?

– *Troppo dolce!*

Vozes na noite

Cloc cloc cloc...
Saparia no brejo?
Não, são os quatro cãezinhos policiais bebendo água.

Poema encontrado por Thiago de Mello no *Itinerário de Pasárgada*

Vênus luzia sobre nós tão grande,
Tão intensa, tão bela, que chegava
A parecer escandalosa, e dava
  Vontade de morrer.

Uma face na escuridão

(Poema desentranhado de uma página em
prosa de Dinah Silveira de Queiroz.)

A vida ia tomando forma e cor, rompia...
Eu estava tão presa a ti, que não sabia
Onde acabava eu e começavas tu.
Mas ela mesma, a vida, a borbulhar selvagem
No uivo dos animais, no viço da folhagem
– Em tudo, no teu corpo e no meu corpo nu –

Ela mesma nos separou. As cordilheiras
Afundaram no oceano. As vozes derradeiras
Dos bichos que no abismo iam todos morrer,
Enchiam-me de assombro... E conheci na treva
A maior dor, a dor da força que me leva
Para longe de ti. Meu ser pelo teu ser

Clamou... Clamou debalde. Em mim subitamente
Tudo descorou, tudo envelheceu. Ao quente
Meu coração de outrora, hoje tarde reflui
Um sangue pobre em que já não palpita nada.
Como a planta sem ar, murchei. Branca e gelada,
Não sou mais do que uma lembrança do que fui.

Embora! Testemunharei eu só, aquela
Que trouxe a vida em si mais luminosa e bela

Do que nunca a sonhaste, a glória deste amor.
Terás em mim, a que foi tua, ora uma estranha,
A única face que te observa e te acompanha
Da funda escuridão cada dia maior...

Discurso em louvor da aeromoça

Aeromoças, aeromoças,
Que pisais o chão
Com donaire novo,
Não pareceis baixar de céus atuais
Mas dos antigos,
Quando na Grécia os deuses ainda vinham se
[misturar com os homens.

Píndaro gostaria de cantar o vosso quotidiano
[heroísmo, tão simples, a vossa graça,
[a vossa bondade.

No entanto, nada mais moderno do que vós, ó
[sorrisos bonitos de chegada e partida
[nos aeroportos.
Quem sem verdade e sem alma vos classificou de
[aeroviárias
A vós, autênticas aeronautas, irmãs intrépidas dos
[aviadores?

Em nome dos sonhos frustrados de Clícia Zorovich,
Em nome da vida frustrada de Clícia
Reivindiquemos para vós a condição de tripulantes,
Ó flores da altura,
Insensíveis à vertigem e ao medo.

Santíssima Virgem Maria, mãe de Deus e advogada nossa,
Dai,
Dai um dia do vosso mês,
Cedei o último dia do vosso mês
Para que nele cantemos, louvemos, festejemos,
[agradeçamos
O quotidiano heroísmo, a graça, a bondade das aeromoças.

Alô, Alô, Aerovias Brasil, Linha Aérea Transcontinental
[Brasileira, Linhas Aéreas Paulistas, Loide Aéreo
[Nacional, Nacional Transportes Aéreos,
[Panair do Brasil, Real Sociedade
[Anônima de Transportes Aéreos,
[Serviços Aéreos Cruzeiro do
[Sul, Varig, Vasp, Viabrás:
Melhorai a condição da aeromoça!

Poeta Vinicius de Moraes, Sunset Boulevard 6.606, Los
[Angeles,
Tu, que celebraste com tanto amor as arquivistas,
Vem agora celebrar comigo a aeromoça.

Poeta e futuro senador Augusto Frederico Schmidt,
Escrevei no *Correio da Manhã* sobre a aeromoça,
Mandai flores da Gávea Pequena
Para a aeromoça.

Passageiros para São Paulo, Belo Horizonte, Porto
                    [Alegre, Recife, Belém do Pará,
Pedi todos, a Deus e aos homens,
Pela aeromoça.

Saudação a Murilo Mendes

Saudemos Murilo Medina Celi Monteiro Mendes
      [que menino invadiu o céu na cola do
           [cometa de Halley.
Saudemos Murilo
Grande poeta
Conciliador de contrários
Incorporador do eterno ao contingente

Saudemos Murilo
Grande amigo da Poesia
Da poesia em Cristo
E em Lúcifer
Antes da queda

Saudemos Murilo
Grande amigo da Música
Especialmente grande amigo de Mozart
Que lhe apareceu um dia
Vestido de casaca azul

Saudemos Murilo
Grande amigo das Belas-Artes
Descobridor do falecido Cícero
(Hoje reencarnado num pintor abstracionista que
      [vive em Paris onde o chamam Diás).

Saudemos Murilo
Para quem a amizade é também uma das
[Belas-Artes
Murilo grande amigo de seus amigos
Delicado fiel atento amigo de seus amigos

Saudemos Murilo
Grande marido dessa encantadora Maria da
[Saudade
Portuguesa e brasileira
Como seu nome
Invenção de dois poetas

Saudemos Murilo
Antitotalitarista antipassadista antiburocratista
Anti tudo que é pau ou que é pífio

Saudemos o grande poeta
Perenemente em pânico
E em flor.

Minha gente, salvemos Ouro Preto

As chuvas de verão ameaçaram derruir Ouro Preto.
Ouro Preto, a avozinha, vacila.
Meus amigos, meus inimigos,
Salvemos Ouro Preto.

Bem sei que os monumentos veneráveis
Não correm perigo.
Mas Ouro Preto não é só o Palácio dos Governadores,
A Casa dos Contos,
A Casa da Câmara,
Os templos,
Os chafarizes,
Os nobres sobrados da Rua Direita.

Ouro Preto são também os casebres de taipa de
[sopapo
Aguentando-se uns aos outros ladeira abaixo,
O casario do Vira-Saia,
Que está vira-não-vira enxurro,
E é a isso que precisamos acudir urgentemente!

Meus amigos, meus inimigos,
Salvemos Ouro Preto.

Homens ricos do Brasil
Que dais quinhentos contos por um puro-sangue de
[corridas,
Está certo,
Mas dai também dinheiro para Ouro Preto.

Grã-finas cariocas e paulistas
Que pagais dez contos por um modelo de Christian
[Dior
E meio conto por uma permanente no Baldini,
Está tudo muito certo,
Mas mandai também dez contos para consolidar
[umas quatro casinhas de Ouro Preto.
(Nossa Senhora do Carmo de Ouro Preto vos
[acrescentará...)

Gentes da minha terra!
Em Ouro Preto alvoreceu a nossa vontade de
[autonomia nos sonhos frustrados
[dos Inconfidentes.
Em Ouro Preto alvoreceu a nossa arte nas igrejas e
[esculturas do Aleijadinho.
Em Ouro Preto alvoreceu a nossa poesia nos
[versinhos do Desembargador.

Minha gente,
Salvemos Ouro Preto.
Meus amigos, meus inimigos,
Salvemos Ouro Preto.

Natal sem sinos

No pátio a noite é sem silêncio.
E que é a noite sem o silêncio?
A noite é sem silêncio e no entanto onde os sinos
Do meu Natal sem sinos?

> Ah meninos sinos
> De quando eu menino!

Sinos da Boa Vista e de Santo Antônio.
Sinos do Poço, do Monteiro e da igrejinha de Boa
[Viagem.

> Outros sinos
> Sinos
> Quantos sinos

No noturno pátio
Sem silêncio, ó sinos
De quando eu menino,
Bimbalhai meninos,
Pelos sinos (sinos
Que não ouço), os sinos de
Santa Luzia.

Rio, 1952

Retrato

O sorriso escasso,
O riso-sorriso,
A risada nunca.
(Como quem consigo
Traz o sentimento
Do madrasto mundo.)

Com os braços colados
Ao longo do corpo,
Vai pela cidade
Grande e cafajeste,
Com o mesmo ar esquivo
Que escolheu nascendo
Na esquiva Itabira.

Aprendeu com ela
Os olhos metálicos
Com que vê as coisas:
Sem ódio, sem ênfase,
Às vezes com náusea.

Ferro de Itabira,
Em cujos recessos
Um vedor, um dia,
Um vedor – o neto –

Descobriu infante
As fundas nascentes,
O veio, o remanso
Da escusa ternura.

Visita

Fui procurar-te à última morada,
Não te encontrei. Apenas encontrei
Lousas brancas e pássaros cantando...
Teu espírito, longe, onde não sei,
Da obra na eternidade assegurada,
Sorri aos amigos, que te estão chorando.

Noturno do Morro do Encanto

Este fundo de hotel é um fim de mundo!
Aqui é o silêncio que tem voz. O encanto
Que deu nome a este morro, põe no fundo
De cada coisa o seu cativo canto.

Ouço o tempo, segundo por segundo,
Urdir a lenta eternidade. Enquanto
Fátima ao pó de estrelas sitibundo
Lança a misericórdia do seu manto.

Teu nome é uma lembrança tão antiga,
Que não tem som nem cor, e eu, miserando,
Não sei mais como o ouvir, nem como o diga.

Falta a morte chegar... Ela me espia
Neste instante talvez, mal suspeitando
Que já morri quando o que eu fui morria.

Petrópolis, 21-2-1953

Os nomes

Duas vezes se morre:
Primeiro na carne, depois no nome.
A carne desaparece, o nome persiste mas
Esvaziando-se de seu casto conteúdo
– Tantos gestos, palavras, silêncios –
Até que um dia sentimos,
Com uma pancada de espanto (ou de remorso?),
Que o nome querido já nos soa como os outros.

Santinha nunca foi para mim o diminutivo de Santa.
Nem Santa nunca foi para mim a mulher sem
                                    [pecado.
Santinha eram dois olhos míopes, quatro incisivos
                          [claros à flor da boca.
Era a intuição rápida, o medo de tudo, um certo
          [modo de dizer "Meu Deus, valei-me".

Adelaide não foi para mim Adelaide somente,
Mas Cabeleira de Berenice, Inominata, Cassiopeia.
Adelaide hoje apenas substantivo próprio feminino.

Os epitáfios também se apagam, bem sei.
Mais lentamente, porém, do que as reminiscências
Na carne, menos inviolável do que a pedra dos
                                    [túmulos.

Petrópolis, 28-2-1953

Consoada

Quando a Indesejada das gentes chegar
(Não sei se dura ou caroável),
Talvez eu tenha medo.
Talvez sorria, ou diga:
                     – Alô, iniludível!
O meu dia foi bom, pode a noite descer.
(A noite com os seus sortilégios.)
Encontrará lavrado o campo, a casa limpa,
A mesa posta,
Com cada coisa em seu lugar.

Lua nova

Meu novo quarto
Virado para o nascente:
Meu quarto, de novo a cavaleiro da entrada da barra.

Depois de dez anos de pátio
Volto a tomar conhecimento da aurora.
Volto a banhar meus olhos no mênstruo incruento
[das madrugadas.

Todas as manhãs o aeroporto em frente me dá lições
[de partir:

Hei de aprender com ele
A partir de uma vez
– Sem medo,
Sem remorso,
Sem saudade.

Não pensem que estou aguardando a lua cheia
– Esse sol da demência
Vaga e noctâmbula.
O que eu mais quero,
O de que preciso
É de lua nova.

Rio, agosto de 1953

Cântico dos cânticos

– Quem me busca a esta hora tardia?
– Alguém que treme de desejo.
– Sou teu vale, zéfiro, e aguardo
Teu hálito... A noite é tão fria!
– Meu hálito não, meu bafejo,
Meu calor, meu túrgido dardo.

– Quando por mais assegurada
Contra os golpes de Amor me tinha,
Eis que irrompes por mim deiscente...
– Cântico! Púrpura! Alvorada!
– Eis que me entras profundamente
Como um deus em sua morada!
– Como a espada em sua bainha.

Oração para aviadores

Santa Clara, clareai
Estes ares.
Dai-nos ventos regulares,
De feição.
Estes mares, estes ares
Clareai.

Santa Clara, dai-nos sol.
Se baixar a cerração,
Alumiai
Meus olhos na cerração.
Estes montes e horizontes
Clareai.

Santa Clara, no mau tempo
Sustentai
Nossas asas.
A salvo de árvores, casas
E penedos, nossas asas
Governai.

Santa Clara, clareai.
Afastai
Todo risco.
Por amor de S. Francisco,

Vosso mestre, nosso pai,
Santa Clara, todo risco
Dissipai.

Santa Clara, clareai.

Alegrias de Nossa Senhora
(Texto de oratório extraído do poema
de uma monja carmelita.)

I

RECITANTE

O Anjo traz a mensagem,
Prostra-se perante a Virgem e anuncia:

ANJO

O Filho de Deus quer ser teu filho, Maria;
Porque és cheia de graça e bendita entre as mulheres.

RECITANTE

A donzela, em sua humildade, torna-se grande;
Eleva-se acima da condição humana;
Atinge os confins da divindade.
Ó Virgem, que vais responder?
Maria cruza as mãos sobre o peito,
Inclina-se reverente:

MARIA

Sou a escrava do Senhor:
Faça-se em mim segundo a sua palavra.

CORO

Ó santas alegrias, castíssimas delícias
Da maternidade virginal!
Maria já é mãe de Deus.
O filho é o mesmo Verbo Divino
Eternamente gerado pelo Pai.
Feliz a Virgem Maria, cujo seio contém o próprio
[Deus!

II

RECITANTE

Caminha a Virgem pelas montanhas de Judá.
Tudo respira serenidade.
O cabrito montês brinca nos cimos mais altos.
Maria vai visitar Isabel.
Troca-se em paraíso a casinha branca da montanha.
Isabel, ao ouvir a saudação de Maria, exclama, cheia
[do Espírito Santo:

Isabel

Bendita tu entre as mulheres
E bendito o fruto de teu ventre!

Recitante

O menino salta no ventre da Mãe e Maria canta:

Maria

Minh'alma engrandece ao Senhor.
Meu espírito se alegra em Deus meu Salvador
Porque atentou na baixeza de sua serva.
Desde agora todas as gerações me chamarão
                              [bem-aventurada.
Grandes coisas me fez o Poderoso,
Grandes coisas faz o Poderoso:
Depõe dos tronos os soberbos
E eleva os humildes;
Enche de bens os famintos
E despede vazios os ricos.
Santo é o seu nome.

Coro

Aleluia! Aleluia! Aleluia!

III

Recitante

Noite feliz!
Começa em Belém a Missa da vida de Jesus.
Chegam os magos do Oriente, com as suas dádivas:
Ouro, incenso, mirra.
Pastores acorrem com as suas cornamusas, gaitas,
                              [flautas.
E cantam ao Messias recém-nascido:

Coro de pastores

Glória a Deus nas alturas!
A Virgem-Mãe vela o seu menino.
Todo o que nele crer, não perecerá;
Todo o que nele crer, terá a vida eterna.
Glória a Deus nas alturas!

IV

RECITANTE

Crescia o menino e se fortalecia em espírito e
[sabedoria.
E a graça de Deus estava sobre ele,
Ora, todos os anos ia a Santa Família a Jerusalém, à
[festa da Páscoa.
De uma feita ficou o menino na cidade e não o
[souberam os pais.
Ao cabo de três dias o acharam no templo, sentado
[entre os doutores,
Que o ouviam, admirados de suas respostas.
Disse-lhe então Maria:

MARIA

Filho, por que fizeste assim para conosco?
Teu pai e eu te buscávamos, ansiosos.

RECITANTE

Ao que Jesus responde:

JESUS (MENINO DE DOZE ANOS)

Por que me buscáveis?
Não sabeis que me convém tratar das coisas do Pai?

RECITANTE

E Maria:

MARIA

Achei aquele a quem minh'alma adora.
Recobrei-o e não o deixarei mais perder.
Meu espírito se alegra em meu Filho e Salvador.

CORO

Santo! Santo! Santo!

V

RECITANTE

A Hóstia Divina foi imolada no Calvário.
Ao terceiro dia foram as santas mulheres ao Sepulcro.

Estava a pedra removida e não acharam o corpo do
[Senhor Jesus.
Então dois varões de vestes resplandecentes falaram:

Os dois varões

Por que buscais o vivente entre os mortos?
Não está aqui, já ressuscitou.
Lembrai-vos do que vos disse em Galileia:
"Convém que o Filho do homem seja entregue nas
[mãos dos homens pecadores,
"E seja crucificado,
"E ao terceiro dia ressuscite."

Coro

Morte, onde está tua vitória?
Pela primeira vez foste vencida.
Maria, Mãe de Deus, alegra-te!
Teu filho ressurgiu, divino.
Hosana! Hosana! Hosana!

Cronologia

1886

A 19 de abril, nasce Manuel Carneiro de Souza Bandeira Filho, em Recife. Seus pais, Manuel Carneiro de Souza Bandeira e Francelina Ribeiro de Souza Bandeira.

1890

A família se transfere para o Rio de Janeiro, depois para Santos, São Paulo e novamente para o Rio de Janeiro.

1892

Volta para Recife.

1896-1902

Novamente no Rio de Janeiro, cursa o externato do Ginásio Nacional, atual Colégio Pedro II.

1903-1908

Transfere-se para São Paulo, onde cursa a Escola Politécnica. Por influência do pai, começa a estudar arquitetura. Em 1904, doente (tuberculose), volta ao Rio de Janeiro para se tratar. Em seguida, ainda em tratamento, reside em Campanha, Teresópolis, Maranguape, Uruquê e Quixeramobim.

1913

Segue para a Europa, para tratar-se no sanatório de Clavadel, Suíça. Tenta publicar um primeiro livro, *Poemetos melancólicos*, perdido no sanatório quando o poeta retorna ao Brasil.

1916

Morre a mãe do poeta.

1917

Publica o primeiro livro, *A cinza das horas*.

1918
Morre a irmã do poeta, sua enfermeira desde 1904.

1919
Publica *Carnaval.*

1920
Morre o pai do poeta.

1922
Em São Paulo, Ronald de Carvalho lê o poema "Os sapos", de *Carnaval*, na Semana de Arte Moderna. Morre o irmão do poeta.

1924
Publica *Poesias*, que reúne *A cinza das horas*, *Carnaval* e *O ritmo dissoluto.*

Exerce a crítica musical nas revistas *A Ideia Ilustrada* e *Ariel.*

1925
Começa a escrever para o "Mês Modernista", página dos modernistas em *A Noite.*

1926
Como jornalista, viaja por Salvador, Recife, João Pessoa, Fortaleza, São Luís e Belém.

1928-1929
Viaja a Minas Gerais e São Paulo. Como fiscal de bancas examinadoras, viaja para Recife. Começa a escrever crônicas para o *Diário Nacional*, de São Paulo, e *A Província*, do Recife.

1930
Publica *Libertinagem.*

1935
Nomeado pelo ministro Gustavo Capanema inspetor de ensino secundário.

1936
Publica *Estrela da manhã*, em edição fora de comércio.

Os amigos publicam *Homenagem a Manuel Bandeira*, com poemas, estudos críticos e comentários sobre sua vida e obra.

1937

Publica *Crônicas da Província do Brasil*, *Poesias escolhidas* e *Antologia dos poetas brasileiros da fase romântica*.

1938

Nomeado pelo ministro Gustavo Capanema professor de literatura do Colégio Pedro II e membro do Conselho Consultivo do Departamento do Patrimônio Histórico e Artístico Nacional.
Publica *Antologia dos poetas brasileiros da fase parnasiana* e o ensaio *Guia de Ouro Preto*.

1940

Publica *Poesias completas* e os ensaios *Noções de história das literaturas* e *A autoria das "Cartas chilenas"*.
Eleito para a Academia Brasileira de Letras.

1941

Exerce a crítica de artes plásticas em *A Manhã*, do Rio de Janeiro.

1942

Eleito para a Sociedade Felipe d'Oliveira. Organiza *Sonetos completos e poemas escolhidos*, de Antero de Quental.

1943

Nomeado professor de literatura hispano-americana na Faculdade Nacional de Filosofia. Deixa o Colégio Pedro II.

1944

Publica uma nova edição ampliada das suas *Poesias completas* e organiza *Obras poéticas*, de Gonçalves Dias.

1945

Publica *Poemas traduzidos*.

1946

Publica *Apresentação da poesia brasileira*, *Antologia dos poetas brasileiros bissextos contemporâneos* e, no México, *Panorama de la poesía brasileña*.
Conquista o Prêmio de Poesia do IBEC.

1948

Publica *Mafuá do malungo: jogos onomásticos e outros versos de circunstância*, em edição fora de comércio, um novo volume de *Poesias escolhidas* e novas edições aumentadas de *Poesias completas* e *Poemas traduzidos*.
Organiza *Rimas*, de José Albano.

1949

Publica o ensaio *Literatura hispano-americana*.

1951

A convite de amigos, candidata-se a deputado pelo Partido Socialista Brasileiro, mas não se elege.
Publica nova edição, novamente aumentada, das *Poesias completas*.

1952

Publica *Opus 10*, em edição fora de comércio, e a biografia *Gonçalves Dias*.

1954

Publica as memórias *Itinerário de Pasárgada* e o livro de ensaios *De poetas e de poesia*.

1955

Publica *50 poemas escolhidos pelo autor* e *Poesias*. Começa a escrever crônicas para o *Jornal do Brasil*, do Rio de Janeiro, e *Folha da Manhã*, de São Paulo.

1956

Publica o ensaio *Versificação em língua portuguesa*, uma nova edição de *Poemas traduzidos* e, em Lisboa, *Obras poéticas*.
Aposenta-se compulsoriamente como professor de literatura hispano-americana da Faculdade Nacional de Filosofia.

1957

Publica o livro de crônicas *Flauta de papel* e a edição conjunta *Itinerário de Pasárgada/De poetas e de poesia*.
Viaja para Holanda, Inglaterra e França.

1958

Publica *Poesia e prosa* (obra reunida, em dois volumes), a antologia *Gonçalves Dias*, uma nova edição de *Noções de história das literaturas* e, em Washington, *Brief History of Brazilian Literature*.

1960

Publica *Pasárgada*, *Alumbramentos* e *Estrela da tarde*, todos em edição fora de comércio, e, em Paris, *Poèmes*.

1961

Publica *Antologia poética*. Começa a escrever crônicas para o programa *Quadrante*, da Rádio Ministério da Educação.

1962

Publica *Poesia e vida de Gonçalves Dias*.

1963

Publica a segunda edição de *Estrela da tarde* (acrescida de poemas inéditos e da tradução de *Auto sacramental do Divino Narciso*, de Sóror Juana Inés de la Cruz) e a antologia *Poetas do Brasil*, organizada em parceria com José Guilherme Merquior. Começa a escrever crônicas para o programa *Vozes da cidade*, da Rádio Roquette-Pinto.

1964

Publica em Paris o livro *Manuel Bandeira*, com tradução e organização de Michel Simon, e, em Nova York, *Brief History of Brazilian Literature*.

1965

Publica *Rio de Janeiro em prosa & verso*, livro organizado em parceria com Carlos Drummond de Andrade, *Antologia dos poetas brasileiros da fase simbolista* e, em edição fora de comércio, o álbum *Preparação para a morte*.

1966

Recebe, das mãos do presidente da República, a Ordem do Mérito Nacional.

Publica *Os reis vagabundos e mais 50 crônicas*, com organização de Rubem Braga, *Estrela da vida inteira* (poesia completa) e o livro de crônicas *Andorinha, andorinha*, com organização de Carlos Drummond de Andrade.

Conquista o título de Cidadão Carioca, da Assembleia Legislativa do Estado da Guanabara, e o Prêmio Moinho Santista.

1967

Publica *Poesia completa e prosa*, em volume único, e a *Antologia dos poetas brasileiros da fase moderna*, em dois volumes, organizada em parceria com Walmir Ayala.

1968

Publica o livro de crônicas *Colóquio unilateralmente sentimental*. Falece a 13 de outubro, no Rio de Janeiro.

Bibliografia básica sobre Manuel Bandeira

ANDRADE, Carlos Drummond de. Entre Bandeira e Oswald de Andrade. In: _____. *Tempo vida poesia*: confissões no rádio. Rio de Janeiro: Record, 1986.

_____. Manuel Bandeira. In: _____. *Passeios na ilha*: divagações sobre a vida literária e outras matérias. Rio de Janeiro: Organização Simões, 1952.

_____ et al. *Homenagem a Manuel Bandeira*. Rio de Janeiro: Typ. do *Jornal do Commercio*, 1936. 2. ed. fac-similar. São Paulo: Metal Leve, 1986.

ANDRADE, Mário de. A poesia em 1930. In: _____. *Aspectos da literatura brasileira*. 5. ed. São Paulo: Martins, 1974.

ARRIGUCCI JR., Davi. A beleza humilde e áspera. In: _____. *O cacto e as ruínas*: a poesia entre outras artes. 2. ed. São Paulo: Duas Cidades/Editora 34, 2000.

_____. Achados e perdidos. In: _____. *Outros achados e perdidos*. São Paulo: Companhia das Letras, 1999.

_____. *Humildade, paixão e morte*: a poesia de Manuel Bandeira. São Paulo: Companhia das Letras, 1990.

_____. O humilde cotidiano de Manuel Bandeira. In: SCHWARZ, Roberto (Org.). *Os pobres na literatura brasileira*. São Paulo: Brasiliense, 1983.

BACIU, Stefan. *Manuel Bandeira de corpo inteiro*. Rio de Janeiro: José Olympio, 1966.

BARBOSA, Francisco de Assis. *Manuel Bandeira, 100 anos de poesia*: síntese da vida e obra do poeta maior do Modernismo. Recife: Pool, 1988.

_____. Manuel Bandeira, estudante do Colégio Pedro II. In: _____. *Achados do vento*. Rio de Janeiro: Ministério da Educação e Cultura/Instituto Nacional do Livro, 1958.

BEZERRA, Elvia. *A trinca do Curvelo*: Manuel Bandeira, Ribeiro Couto e Nise da Silveira. Rio de Janeiro: Topbooks, 1995.

BRASIL, Assis. *Manuel e João*: dois poetas pernambucanos. Rio de Janeiro: Imago, 1990.

BRAYNER, Sônia (Org.). *Manuel Bandeira*. Rio de Janeiro: Civilização Brasileira; Brasília: Instituto Nacional do Livro, 1980.

CANDIDO DE MELLO E SOUZA, Antonio. Carrossel. In: _____. *Na sala de aula*: caderno de análise literária. São Paulo: Ática, 1985.

_____; MELLO E SOUZA, Gilda de. Introdução. In: BANDEIRA, Manuel. *Estrela da vida inteira*: poesias reunidas. Rio de Janeiro: José Olympio, 1966.

CARPEAUX, Otto Maria. Bandeira. In: _____. *Ensaios reunidos*: 1942-1968. Rio de Janeiro: UniverCidade/Topbooks, 1999.

_____. Última canção – vasto mundo. In: _____. *Origens e fins*. Rio de Janeiro: Casa do Estudante do Brasil, 1943.

CASTELLO, José Aderaldo. Manuel Bandeira – sob o signo da infância. In: _____. *A literatura brasileira*: origens e unidade. São Paulo: Edusp, 1999. v. 2.

COELHO, Joaquim-Francisco. *Biopoética de Manuel Bandeira*. Recife: Massangana, 1981.

_____. *Manuel Bandeira pré-modernista*. Rio de Janeiro: José Olympio; Brasília: Instituto Nacional do Livro, 1982.

CORRÊA, Roberto Alvim. Notas sobre a poesia de Manuel Bandeira. In: _____. *Anteu e a crítica*: ensaios literários. Rio de Janeiro: José Olympio, 1948.

COUTO, Ribeiro. *Três retratos de Manuel Bandeira*. Organização de Elvia Bezerra. Rio de Janeiro: Academia Brasileira de Letras, 2004.

ESPINHEIRA FILHO, Ruy. *Forma e alumbramento*: poética e poesia em Manuel Bandeira. Rio de Janeiro: José Olympio/Academia Brasileira de Letras, 2004.

FONSECA, Edson Nery da. *Alumbramentos e perplexidades*: vivências bandeirianas. São Paulo: Arx, 2002.

FREYRE, Gilberto. A propósito de Manuel Bandeira. In: _____. *Tempo de aprendiz*. São Paulo: Ibrasa; Brasília: Instituto Nacional do Livro, 1979.

_____. Dos oito aos oitenta. In: _____. *Prefácios desgarrados*. Rio de Janeiro: Cátedra; Brasília: Instituto Nacional do Livro, 1978. v. 2.

_____. Manuel Bandeira em três tempos. In: _____. *Perfil de Euclides e outros perfis*. 2. ed. aumentada. Rio de Janeiro: Record, 1987. 3. ed. revista. São Paulo: Global, 2011.

GARBUGLIO, José Carlos. *Roteiro de leitura*: poesia de Manuel Bandeira. São Paulo: Ática, 1998.

GARDEL, André. *O encontro entre Bandeira e Sinhô*. Rio de Janeiro: Secretaria Municipal de Cultura/ Departamento Geral de Documentação e Informação Cultural/Divisão de Editoração, 1996.

GOLDSTEIN, Norma Seltzer. *Do penumbrismo ao Modernismo*: o primeiro Bandeira e outros poetas significativos. São Paulo: Ática, 1983.

_____ (Org.). *Traços marcantes no percurso poético de Manuel Bandeira*. São Paulo: Humanitas, 2005.

GOYANNA, Flávia Jardim Ferraz. *O lirismo antirromântico em Manuel Bandeira*. Recife: Fundarpe, 1994.

GRIECO, Agrippino. Manuel Bandeira. In: _____. *Poetas e prosadores do Brasil*: de Gregório de Matos a Guimarães Rosa. Rio de Janeiro: Conquista, 1968.

GUIMARÃES, Júlio Castañon. *Manuel Bandeira*: beco e alumbramento. São Paulo: Brasiliense, 1984.

_____. *Por que ler Manuel Bandeira*. São Paulo: Globo, 2008.

IVO, Lêdo. *A república da desilusão*: ensaios. Rio de Janeiro: Topbooks, 1994.

_____. Estrela de Manuel. In: _____. *Poesia observada*: ensaios sobre a criação poética e matérias afins. 2. ed. São Paulo: Duas Cidades, 1978.

_____. *O preto no branco*: exegese de um poema de Manuel Bandeira. Rio de Janeiro: São José, 1955.

JUNQUEIRA, Ivan. Humildade, paixão e morte. In: _____. *Prosa dispersa*: ensaios. Rio de Janeiro: Topbooks, 1991.

_____. *Testamento de Pasárgada*. Rio de Janeiro: Nova Fronteira, 1980. 3. ed. São Paulo: Global, 2014.

KOSHIYAMA, Jorge. O lirismo em si mesmo: leitura de "Poética" de Manuel Bandeira. In: BOSI, Alfredo (Org.). *Leitura de poesia*. São Paulo: Ática, 1996.

LIMA, Rocha. *Dois momentos da poesia de Manuel Bandeira*. Rio de Janeiro: José Olympio, 1992.

LOPEZ, Telê Porto Ancona (Org.). *Manuel Bandeira*: verso e reverso. São Paulo: T. A. Queiroz, 1987.

MARTINS, Wilson. Bandeira e Drummond... In: _____. *Pontos de vista*: crítica literária 1954-1955. São Paulo: T. A. Queiroz, 1991. v. 1.

_____. Manuel Bandeira. In: _____. *A literatura brasileira*: o Modernismo. São Paulo: Cultrix, 1965. v. 6.

MERQUIOR, José Guilherme. O Modernismo e três dos seus poetas. In: _____. *Crítica 1964-1989*: ensaios sobre arte e literatura. Rio de Janeiro: Nova Fronteira, 1990.

MILLIET, Sérgio. *Panorama da moderna poesia brasileira*. Rio de Janeiro: Ministério da Educação e Saúde/ Serviço de Documentação, 1952.

MONTEIRO, Adolfo Casais. *Manuel Bandeira*. Rio de Janeiro: Ministério da Educação e Cultura/Serviço de Documentação, 1958.

MORAES, Emanuel de. *Manuel Bandeira*: análise e interpretação literária. Rio de Janeiro: José Olympio, 1962.

MOURA, Murilo Marcondes de. *Manuel Bandeira*. São Paulo: Publifolha, 2001.

MURICY, Andrade. Manuel Bandeira. In: _____. *A nova literatura brasileira*: crítica e antologia. Porto Alegre: Globo, 1936.

_____. Manuel Bandeira. In: _____. *Panorama do movimento simbolista brasileiro*. 2. ed. Brasília: Conselho Federal de Cultura/Instituto Nacional do Livro, 1973. v. 2.

PAES, José Paulo. Bandeira tradutor ou o esquizofrênico incompleto. In: _____. *Armazém literário*: ensaios. São Paulo: Companhia das Letras, 2008.

_____. Pulmões feitos coração. In: _____. *Os perigos da poesia e outros ensaios*. Rio de Janeiro: Topbooks, 1997.

PONTIERO, Giovanni. *Manuel Bandeira*: visão geral de sua obra. Tradução de Terezinha Prado Galante. Rio de Janeiro: José Olympio, 1986.

ROSENBAUM, Yudith. *Manuel Bandeira*: uma poesia da ausência. São Paulo: Edusp; Rio de Janeiro: Imago, 1993.

SENNA, Homero. Viagem a Pasárgada. In: _____. *República das letras*: 20 entrevistas com escritores. 2. ed. revista e ampliada. Rio de Janeiro: Gráfica Olímpica, 1968.

SILVA, Alberto da Costa e. Lembranças de um encontro. In: _____. *O pardal na janela*. Rio de Janeiro: Academia Brasileira de Letras, 2002.

SILVA, Beatriz Folly e; LESSA, Maria Eduarda de Almeida Vianna. *Inventário do arquivo Manuel Bandeira*. Rio de Janeiro: Fundação Casa de Rui Barbosa, 1989.

SILVA, Maximiano de Carvalho e. *Homenagem a Manuel Bandeira*: 1986-1988. Niterói: Sociedade Sousa da Silveira; Rio de Janeiro: Monteiro Aranha/Presença, 1989.

SILVEIRA, Joel. Manuel Bandeira, 13 de março de 1966, em Teresópolis: "Venham ver! A vaca está comendo as flores do Rodriguinho. Não vai sobrar uma.

Que beleza!". In: _____. *A milésima segunda noite da avenida Paulista e outras reportagens.* São Paulo: Companhia das Letras, 2003.

VILLAÇA, Antonio Carlos. M. B. In: _____. *Encontros.* Rio de Janeiro/Brasília: Editora Brasília, 1974.

_____. Manuel, Manu. In: _____. *Diário de Faxinal do Céu.* Rio de Janeiro: Lacerda, 1998.

XAVIER, Elódia F. (Org.). *Manuel Bandeira:* 1886-1986. Rio de Janeiro: UFRJ/Antares, 1986.

XAVIER, Jairo José. *Camões e Manuel Bandeira.* Rio de Janeiro: Ministério da Educação e Cultura/ Departamento de Assuntos Culturais, 1973.

Índice de primeiros versos

A vida ia tomando forma e cor, rompia...	35
Aeromoças, aeromoças,	37
– Alô, cotovia!	23
As chuvas de verão ameaçaram derruir Ouro Preto.	43
Cloc cloc cloc...	31
Como em turvas águas de enchente,	21
Duas vezes se morre:	55
Este fundo de hotel é um fim de mundo!	53
Fui procurar-te à última morada,	51
– Grilo, toca aí um solo de flauta.	29
Meu novo quarto	59
No pátio a noite é sem silêncio.	47
O Anjo traz a mensagem,	65
O sol é grande. Ó coisas	27
O sorriso escasso,	49
Quando a Indesejada das gentes chegar	57
– Quem me busca a esta hora tardia?	61
Santa Clara, clareai	63
Saudemos Murilo Medina Celi Monteiro Mendes que menino invadiu o céu na cola do cometa Halley.	41
Sonhei ter sonhado	25
Vênus luzia sobre nós tão grande,	33

Índice

Lições de partir – *Ivan Marques*	11
Boi morto	21
Cotovia	23
Tema e variações	25
Elegia de verão	27
O grilo	29
Vozes na noite	31
Poema encontrado por Thiago de Mello no *Itinerário de Pasárgada*	33
Uma face na escuridão	35
Discurso em louvor da aeromoça	37
Saudação a Murilo Mendes	41
Minha gente, salvemos Ouro Preto	43
Natal sem sinos	47
Retrato	49
Visita	51
Noturno do Morro do Encanto	53
Os nomes	55
Consoada	57
Lua nova	59
Cântico dos cânticos	61
Oração para aviadores	63
Alegrias de Nossa Senhora	65

Impressão e Acabamento

Bartira

G r á f i c a

(011) 4393-2911